Privacidad en Redes Sociales y Huella Digital

Cómo Proteger Tu Presencia en Línea, Limitar el Rastreo y Controlar lo Que Internet Sabe Sobre Ti

Por Joe Correa

Publicado por Live Stronger Faster

Primera Edición

Tabla de Contenido

Introducción 4

Capítulo 1: La Huella Digital que No Sabías que Tenías 8

Capítulo 2: Lo Que las Plataformas de Redes Sociales Saben Sobre Ti 16

Capítulo 3: Cómo Proteger y Asegurar Tus Cuentas 24

Capítulo 4: Reduce, Elimina y Recupera el Control 32

Capítulo 5: La Red Invisible — Metadatos y Perfiles Sombra 40

Capítulo 6: IA, Algoritmos y Manipulación 48

Capítulo 7: Niños, Adolescentes y el Riesgo de Compartir Demasiado en Línea 56

Capítulo 8: Desintoxicación Digital y Uso Consciente de las Redes Sociales 64

Capítulo 9: Redes Sociales para Profesionales 71

Capítulo 10: Cómo Crear una Estrategia de Redes Sociales Centrada en la Privacidad 79

Recupera el Control de Tu Vida en Línea 87

Introducción

En el mundo actual, las redes sociales han evolucionado mucho más allá de su propósito original. Lo que comenzó como una herramienta para conectar con amigos y compartir momentos importantes de la vida se ha convertido en un ecosistema digital donde cada movimiento, pensamiento, fotografía, comentario y "me gusta" puede ser monitoreado, analizado y almacenado para siempre. Plataformas como Facebook, Instagram, TikTok, LinkedIn, X (anteriormente Twitter) y Snapchat se han integrado profundamente en nuestra vida diaria. Sin embargo, pocos usuarios comprenden realmente lo que están cediendo a cambio de esa comodidad, entretenimiento o validación momentánea.

Cada vez que inicias sesión, publicas, reaccionas o simplemente navegas, dejas un rastro de datos: lo que los expertos en ciberseguridad llaman tu huella digital. Esta huella contiene mucho más que tu nombre y foto de perfil. Incluye metadatos como tu ubicación exacta, el dispositivo que utilizas, tu lista de contactos, hábitos de navegación, reacciones emocionales, preferencias de compra e incluso patrones de voz o reconocimiento facial en algunos casos. Gran parte de esta información se recopila silenciosamente y sin tu conocimiento activo. Y la verdad es que, una vez que está ahí fuera, es muy difícil —si no imposible— recuperarla o eliminarla por completo.

Lo más preocupante es que tu huella digital no se utiliza únicamente para "mejorar tu experiencia de usuario". También es vendida, perfilada y manipulada, a menudo para anunciantes, campañas políticas y corredores de datos. Las plataformas utilizan tu comportamiento para predecir lo que harás después, y los algoritmos están entrenados para mostrarte contenido que mantenga tu atención, incluso si es polarizante o perjudicial. Esta red invisible de vigilancia digital significa que tu vida en línea ya no es solo asunto tuyo: se ha convertido en un gran negocio.

Este libro está diseñado para devolverte el control. Ya seas un usuario ocasional que comparte momentos familiares, un empresario que promociona su marca, un padre que intenta proteger a sus hijos o alguien que desea reducir su exposición digital, aprenderás cómo limitar lo que internet sabe sobre ti y cómo dejar de alimentar un ecosistema que obtiene ganancias de tu información. Descubrirás pasos prácticos y fáciles de seguir para limpiar tu huella digital, administrar la configuración de tus cuentas, prevenir filtraciones de datos e incluso reducir tu presencia en línea por completo si así lo deseas.

Pero esto no se trata solo de bloquear configuraciones o eliminar publicaciones antiguas. Se trata de comprender el sistema. Descubriremos cómo las plataformas de redes sociales crean perfiles de comportamiento, cómo se generan cuentas ocultas utilizando la información de tus amigos y contactos, y cómo los intermediarios de datos recopilan y revenden tu información personal. Aprenderás qué son realmente los metadatos y por qué son tan importantes. También comprenderás por qué las nuevas generaciones, incluidos niños y adolescentes, son especialmente vulnerables a violaciones de privacidad que pueden acompañarlos durante toda la vida.

Al mismo tiempo, exploraremos cómo ser un ciudadano digital consciente en un mundo que fomenta compartir demasiado. Analizaremos el impacto psicológico de las redes sociales, por qué es importante hacer desintoxicación digital y cómo crear una relación con estas plataformas basada en la intención y no en la adicción. Aprenderás a separar tu vida personal de la profesional en línea, a utilizar herramientas de anonimato cuando sea necesario y a evitar errores comunes que pueden dañar tu reputación o incluso poner en riesgo tu seguridad.

Este libro no asume que vas a abandonar las redes sociales por completo. La mayoría de las personas no puede —y muchas no quieren hacerlo—. Por eso esta guía no está en contra de la tecnología. Está a favor de la privacidad, la autonomía y las decisiones informadas. No necesitas desaparecer de internet. Solo necesitas tomar conciencia de lo que compartes, con quién lo compartes y qué hacen con esa información detrás de escena.

Las redes sociales no son inherentemente malas. Son una herramienta. Y como cualquier herramienta, pueden utilizarse para construir algo positivo o para destruir la confianza, la privacidad y el bienestar. El objetivo es ayudarte a entender cómo usar las redes sociales bajo tus propios términos. Empoderarte con conocimiento para que no seas solo un usuario pasivo dentro del juego de alguien más, sino un participante activo en la construcción de tu identidad digital y la protección de tus límites personales.

Tu vida digital te pertenece. Asegurémonos de que seas tú quien tenga el control.

Capítulo 1: La Huella Digital que No Sabías que Tenías

La mayoría de las personas no se da cuenta de que deja un rastro cada vez que interactúa con internet. Este rastro se conoce como huella digital, y es mucho más detallado y permanente de lo que la mayoría imagina. No se trata solo de tus publicaciones o fotos de perfil, sino de los datos invisibles que se crean y recopilan a partir de tu comportamiento en línea, estés conectado o no. Cada vez que haces clic en un enlace, das "me gusta" a un comentario, instalas una aplicación o utilizas un servicio de mapas, estás ampliando esa huella digital.

Existen dos tipos de huella digital: activa y pasiva. La huella activa incluye todo aquello que publicas o compartes intencionalmente, como subir una foto a Instagram o dejar un comentario en un video de YouTube. La huella pasiva, por otro lado, se crea sin que lo sepas. Incluye datos recopilados mediante cookies, rastreadores, direcciones IP, señales GPS, identificadores de dispositivos y análisis de comportamiento. Desde el momento en que visitas un sitio web, desplazas una página o te detienes a ver un video —incluso sin hacer clic— estás contribuyendo a esta huella pasiva.

Lo más alarmante es que estos datos suelen recopilarse en múltiples plataformas, combinarse y almacenarse indefinidamente. Las empresas de redes sociales, anunciantes e incluso intermediarios de datos de terceros utilizan tecnologías de rastreo para construir perfiles complejos sobre los usuarios. Estos perfiles luego se venden, analizan y utilizan para predecir tu comportamiento. Pueden conocer tu edad, nivel de ingresos, opiniones políticas, estado de salud mental e incluso tus hábitos de sueño, todo inferido a partir de tu comportamiento digital.

Muchos usuarios creen que eliminar una publicación o una cuenta significa que los datos desaparecen. Pero eso está lejos de ser cierto. Las copias de seguridad, registros de acceso de terceros, contenido almacenado en caché y capturas de pantalla hacen que la información sobreviva mucho tiempo después de haber sido eliminada. Incluso cuando borras tus datos, las plataformas pueden conservarlos bajo cláusulas ambiguas de "retención de datos" en sus políticas de privacidad. Algunos corredores de datos recopilan información de registros públicos, otros extraen datos de plataformas sociales o compran información de aplicaciones con políticas de privacidad débiles. El usuario promedio suele desconocer cuántas entidades poseen sus datos personales o cómo los utilizan.

Esta falta de visibilidad tiene consecuencias graves. Empleadores, universidades, propietarios de viviendas e incluso posibles parejas suelen investigar a las personas en línea. Un comentario ofensivo, una foto vergonzosa o una etiqueta incorrecta de años atrás puede dañar tu reputación. En algunos países, la huella digital puede incluso influir en tu puntaje crediticio o en solicitudes de visa. Y en manos equivocadas, datos simples como tu correo electrónico o fecha de nacimiento pueden utilizarse para restablecer tus cuentas o cometer robo de identidad.

El concepto de un archivo permanente y consultable de tu vida digital puede sonar a ciencia ficción, pero ya es una realidad. Motores de búsqueda como Google almacenan información en caché mucho tiempo después de que haya sido eliminada de la fuente original. El reconocimiento facial puede vincular tus perfiles sociales incluso si cambiaste tu nombre. La inteligencia artificial puede identificar personas en fotos grupales que nunca aceptaron ser etiquetadas. Y los anunciantes de terceros pueden cruzar datos para identificarte con una precisión sorprendente.

Afortunadamente, existen formas de minimizar tu huella digital. Puedes comenzar realizando una auditoría personal de datos: busca tu nombre, dirección de correo electrónico y nombres de usuario en motores de búsqueda. Revisa qué información es visible públicamente. Elimina cuentas antiguas o aplicaciones que ya no uses. Actualiza la configuración de privacidad en todas las plataformas. Utiliza motores de búsqueda y navegadores que no te rastreen, como DuckDuckGo o Brave Software. Desactiva el historial de ubicación y la personalización de anuncios siempre que sea posible. Sé selectivo con lo que publicas y asume que todo lo que compartes en línea podría volverse público para siempre.

La defensa más poderosa es la conciencia. Comprende que internet no es un lugar privado, incluso cuando las plataformas aseguran lo contrario. Las configuraciones de privacidad ayudan, pero no eliminan el rastreo. Y recuerda que las redes sociales son negocios: existen para monetizar tus datos. Cuanto más informado estés, más intencionales serán tus decisiones digitales.

Tu huella digital es más que datos: es un reflejo de tu identidad, hábitos y valores. Al aprender cómo se forma y hacia dónde conduce, puedes recuperar el control de tu privacidad y de tu futuro en el mundo digital.

La historia de Carla en las redes sociales

Todo comenzó con una búsqueda en Google. Carla, una asistente de marketing de 27 años, estaba postulando a un nuevo trabajo y quería asegurarse de que su presencia en línea se viera profesional. Escribió su nombre en la barra de búsqueda, esperando encontrar únicamente su perfil de LinkedIn y algunas menciones relacionadas con el trabajo. Lo que encontró hizo que se le encogiera el corazón.

Había fotos de fiestas universitarias a las que no recordaba haber asistido. Un tuit de hacía tres años de una cuenta ya eliminada, con una broma sarcástica sacada de contexto. Un video en el que aparecía al fondo durante una protesta —nada ilegal, pero lo suficientemente controversial como para generar dudas. Incluso apareció una antigua reseña que había escrito en Yelp cinco años atrás criticando una cafetería local. De alguna manera, todo había sido indexado, almacenado y mostrado nuevamente. Se sintió expuesta.

Curiosa y preocupada, Carla siguió investigando. Utilizó una herramienta que mostraba qué información tenían los corredores de datos sobre ella. Allí aparecían su nombre completo, edad, números de teléfono, direcciones anteriores, ingresos estimados, inclinaciones políticas e incluso detalles sobre sus hábitos de compra. Ella nunca se había registrado para eso. Nunca había dado un consentimiento explícito. Y aun así, toda esa información estaba allí, organizada, empaquetada y disponible para cualquiera dispuesto a pagar.

Cuanto más investigaba, más incómoda se sentía. Su teléfono inteligente había estado registrando su historial de ubicación durante años. Aplicaciones que había descargado "solo para probar" accedían a su micrófono y cámara en segundo plano. Sus fotos personales eran analizadas para extraer metadatos, y el reconocimiento facial la etiquetaba silenciosamente en imágenes grupales subidas por otras personas. Su vida digital no solo era pública, sino también predecible. Y esa previsibilidad tenía valor para especialistas en marketing, campañas políticas e incluso hackers.

Carla recordó lo libremente que solía publicar en internet. Le encantaba compartir fotos de viajes, recetas, memes divertidos y pensamientos sobre la actualidad. Pensaba que eliminar contenido antiguo significaba que desaparecía para siempre. Pensaba que una "cuenta privada" significaba que solo sus amigos podían verla. Pero ahora, con una nueva perspectiva, comprendió que la privacidad en línea era en gran medida una ilusión, especialmente en plataformas diseñadas para recopilar datos, no para protegerlos.

Decidida a cambiar, Carla pasó un fin de semana limpiando su huella digital. Eliminó cuentas sociales antiguas, ajustó cada configuración de privacidad que encontró y solicitó la eliminación de datos en varios sitios de intermediarios de información. Cambió a un navegador que no la rastreaba, desactivó el historial de ubicación en su teléfono y comenzó a usar aplicaciones de mensajería cifrada. No borró todo, pero ayudó.

Lo más importante fue que cambió la forma en que veía internet. Ya no publicaba impulsivamente. Pensaba dos veces antes de compartir algo y elegía cuidadosamente con quién hacerlo. Se dio cuenta de que su huella digital no se trataba solo de reputación, sino de control. Control sobre su futuro, su identidad y la manera en que quería que el mundo la percibiera.

Carla no dejó de usar redes sociales, pero dejó de ser una usuaria pasiva. Entendió que, aunque no podía borrar completamente su pasado, sí podía empezar a construir su futuro digital con intención. Esa conciencia se convirtió en su escudo.

En un mundo donde los datos son moneda y los algoritmos parecen conocerte mejor que tus propios amigos, Carla decidió recuperar su privacidad, un paso a la vez.

Capítulo 2: Lo Que las Plataformas de Redes Sociales Saben Sobre Ti

Cuando utilizas redes sociales, es fácil creer que la única información que compartes es la que escribes o subes manualmente. Publicas una foto, escribes una descripción, comentas la actualización de un amigo y continúas con tu día. Pero detrás de escena, las plataformas de redes sociales recopilan una cantidad sorprendente de datos, no solo de lo que dices o compartes, sino también de cómo utilizas la plataforma, cuándo y dónde lo haces. ¿El resultado? Un perfil psicológico y conductual extremadamente detallado, mucho más sofisticado de lo que la mayoría imagina.

Comencemos por desglosarlo. Primero están los datos de perfil: la información más evidente y voluntaria que proporcionas. Esto incluye tu nombre, fecha de nacimiento, dirección de correo electrónico, número de teléfono, género, intereses, relaciones y puesto de trabajo. Muchas plataformas también solicitan información opcional, como tu educación, empleos anteriores, ciudades donde has vivido e incluso creencias religiosas o preferencias políticas. Aunque decidas omitir algunos campos, cada detalle que ingresas ayuda al algoritmo de la plataforma a comprenderte mejor y a monetizar tu actividad.

Más allá de lo que entregas voluntariamente están los datos de comportamiento, y aquí es donde las cosas se vuelven más invasivas. Las plataformas rastrean cuánto tiempo pasas viendo publicaciones, qué videos miras hasta el final, en qué temas te detienes, a qué hora del día estás más activo, con qué frecuencia envías mensajes a ciertas personas y qué tan rápido te desplazas por el contenido. Incluso si no haces clic en "me gusta" o no dejas un comentario, tu interés o pausa queda registrada. Estos comportamientos sutiles ayudan a las plataformas a medir tus preferencias y adaptar tu feed para lograr el máximo compromiso y, por supuesto, el máximo beneficio.

También recopilan datos técnicos y del dispositivo. Esto incluye el identificador de tu dispositivo, sistema operativo, tipo de navegador, resolución de pantalla, nivel de batería, uso de almacenamiento y conexiones Bluetooth o Wi-Fi. Tu dirección IP proporciona datos de geolocalización y, cuando otorgas permisos, el micrófono y la cámara pueden utilizarse para capturar sonidos ambientales y comportamiento visual. Algunas aplicaciones incluso solicitan acceso a tu lista de contactos, sincronizando números de teléfono y direcciones de correo electrónico de personas que conoces, aunque ellas no utilicen la plataforma.

¿Y qué ocurre con tus mensajes? Aunque muchas plataformas afirman proteger los mensajes privados, los metadatos siguen recopilándose. Esto incluye a quién enviaste mensajes, cuándo, con qué frecuencia y durante cuánto tiempo. Si utilizas una plataforma que analiza mensajes para moderación de contenido o segmentación publicitaria —como hacen muchas—, incluso el contenido de esos mensajes puede procesarse, especialmente si se almacena en los servidores de la empresa.

Las compañías de redes sociales también realizan rastreo fuera de la plataforma. Esto significa que monitorean tu comportamiento en otros sitios web y aplicaciones, incluso cuando no estás usando su servicio. Esto se logra mediante cookies, píxeles de seguimiento, botones para compartir en redes sociales e integraciones con sitios asociados. ¿Alguna vez buscaste un producto en un sitio web y luego viste anuncios de ese mismo producto en Instagram? No es coincidencia; es el resultado del intercambio integrado de datos.

Además, tu actividad contribuye a lo que se conoce como un perfil sombra. Este es un perfil de datos construido sobre ti, incluso si nunca te registraste en la plataforma. Si tus amigos permiten acceso a sus contactos, suben fotos grupales o te etiquetan en contenido, la plataforma puede utilizar esos datos para conectar información sobre ti. Cuantas más personas interactúan contigo, más preciso se vuelve ese perfil sombra, incluso sin que hayas abierto la aplicación.

Otra capa importante es el análisis emocional y psicológico. Las plataformas utilizan inteligencia artificial para interpretar sentimientos a partir de tus publicaciones, comentarios, emojis y reacciones. Pueden identificar si estás feliz, triste, enojado, ansioso o celebrando algo. Combinado con el momento en que interactúas, esto puede utilizarse para predecir comportamientos, como hábitos de compra, tendencias políticas o incluso señales de problemas de salud mental. Algunas plataformas han sido criticadas por utilizar estos datos para dirigirse a usuarios vulnerables o influir en emociones durante lanzamientos de productos o elecciones.

Toda esta información se recopila bajo la apariencia de "personalización". Pero el verdadero objetivo es la optimización: optimizar ingresos publicitarios, viralidad del contenido y predicción de comportamiento. Tus datos alimentan un ecosistema donde la atención es moneda y la manipulación se convierte en ciencia.

La buena noticia es que puedes defenderte. Comienza revisando tus permisos: elimina acceso a contactos, ubicación y funciones innecesarias del dispositivo. Desactiva la personalización de anuncios y el rastreo basado en intereses. Deshabilita el reconocimiento facial y el registro de actividad por voz. Evita vincular tus cuentas de redes sociales con otras aplicaciones y resiste iniciar sesión usando opciones como "Iniciar sesión con Facebook" o "Iniciar sesión con Google".

Luego, utiliza herramientas como "Descargar mis datos" o "Acceder a tu información" que ofrecen muchas plataformas. Estas opciones pueden mostrarte cuánto se ha almacenado realmente sobre ti. Finalmente, adopta hábitos centrados en la privacidad: utiliza correos electrónicos secundarios para registros, evita compartir hitos personales públicamente y revisa regularmente la actividad de tu cuenta.

Comprender lo que las redes sociales saben sobre ti no se trata de paranoia, sino de empoderamiento. Cuanto más sepas, más podrás decidir cuánto de ti permites que el mundo digital acceda e influya.

La historia del anuncio sospechoso de Diego en redes sociales

Diego siempre se había considerado una persona experta en tecnología. Como diseñador gráfico independiente, utilizaba las redes sociales para promocionar su trabajo, inspirarse y conectar con clientes potenciales. Tenía perfiles en Instagram, LinkedIn, Facebook y TikTok. Curaba cuidadosamente su contenido, publicaba con regularidad e interactuaba con sus seguidores. Pero nunca imaginó que las plataformas que utilizaba para hacer crecer su negocio estaban creando silenciosamente un expediente sobre él, mucho más profundo de lo que jamás aprobó.

Todo comenzó cuando Diego recibió un anuncio extraño en Instagram: un producto del que solo había hablado en voz alta dentro de su apartamento, sin haberlo escrito, buscado o compartido. Se sintió inquietante, como si su teléfono hubiera escuchado una conversación privada. Intrigado y algo perturbado, decidió investigar la configuración de su cuenta.

Descubrió que su aplicación de Instagram tenía habilitado el acceso al micrófono, junto con el rastreo de ubicación "solo mientras se usa la aplicación", lo que en la práctica significaba casi todo el tiempo. En la configuración de Facebook encontró que su lista de contactos se había sincronizado automáticamente y que la aplicación había recopilado historial de llamadas y registros de mensajes de texto para "mejorar sugerencias". Diego ni siquiera sabía que eso era posible. Peor aún, descubrió un registro de actividad que mostraba cuánto tiempo había visto ciertas publicaciones, en qué había hecho clic e incluso qué artículos observó sin reaccionar.

Cuando descargó su archivo completo de datos de Facebook, quedó impactado al encontrar más de mil páginas de información personal, incluyendo conversaciones antiguas, historial de ubicaciones, interacciones con anuncios, etiquetas de intereses políticos e incluso datos de reconocimiento facial provenientes de fotos que él nunca había subido. La plataforma había construido un mapa de su vida digital, incluyendo información que creía privada o ya olvidada.

El golpe final llegó al descubrir que Facebook había estado rastreando su actividad fuera de la plataforma: qué sitios web visitaba, a qué hora abría aplicaciones y qué compras realizaba mediante socios afiliados. Un rastro de comportamiento había sido ensamblado, formando una versión de Diego que apenas reconocía: optimizada para publicidad dirigida e influencia algorítmica.

Se sintió traicionado, no porque ignorara que se recopilaban algunos datos, sino porque el alcance era mucho mayor de lo que se le había comunicado. La plataforma no solo observaba su comportamiento; también lo predecía y manipulaba. Comenzó a cuestionarse cuánto de su feed era realmente orgánico y cuánto estaba moldeado por modelos de aprendizaje automático diseñados para mantenerlo conectado.

Decidido a recuperar el control, Diego tomó medidas. Revocó permisos de aplicaciones, desactivó el acceso al micrófono y la ubicación, y desconectó sus cuentas sociales de aplicaciones de terceros. Dejó de iniciar sesión mediante Google y comenzó a utilizar navegadores cifrados y motores de búsqueda privados. También empezó a publicar con menos frecuencia y evitó compartir logros personales. Pero, sobre todo, se volvió más consciente de cómo navegaba, sin dejar que el algoritmo controlara su atención.

Diego no eliminó sus cuentas. Aún las necesitaba para su negocio, pero comenzó a tratarlas como herramientas, no como compañeros. Comprendió que las plataformas sabían más sobre él que algunos de sus amigos más cercanos. Pero, a diferencia de sus amigos, no escuchaban para ayudarlo; escuchaban para venderle.

Su perspectiva cambió. Ya no asumía privacidad por defecto. Entendió que en la economía digital, los datos son moneda, y él los había gastado sin cuidado. Desde entonces, Diego comenzó a mirar cada aplicación, cada clic y cada publicación con una sola pregunta: ¿qué están aprendiendo sobre mí en este momento y por qué?

Y con esa conciencia, empezó a trazar la línea entre conexión y control.

Capítulo 3: Cómo Proteger y Asegurar Tus Cuentas

Proteger tus cuentas de redes sociales es una de las formas más efectivas de cuidar tu privacidad digital y reducir el riesgo de ser hackeado, rastreado o suplantado. Muchas personas creen que usar una contraseña y ajustar algunas configuraciones de privacidad es suficiente, pero en el entorno digital actual eso ya no basta. Las plataformas de redes sociales son poderosas herramientas de recopilación de datos y, sin la configuración adecuada, pueden exponer más información sobre ti de la que jamás imaginaste. Este capítulo te mostrará exactamente cómo "blindar" tus cuentas en las plataformas más populares para que recuperes el control de tu presencia digital.

Comienza por tus contraseñas. Nunca reutilices la misma contraseña en varios sitios. Si una cuenta es vulnerada, puede provocar un efecto dominó. Utiliza un administrador de contraseñas para generar y almacenar claves largas y complejas, idealmente de 16 caracteres o más, combinando mayúsculas, minúsculas, números y símbolos especiales. Evita cualquier dato relacionado con tu fecha de nacimiento, el nombre de tu mascota o tu equipo deportivo favorito. Si una plataforma ofrece autenticación de dos factores (2FA) o autenticación multifactor (MFA), actívala de inmediato. Esto añade una capa extra de seguridad al requerir un código desde tu teléfono o aplicación de autenticación además de tu contraseña.

Luego, revisa tus configuraciones de privacidad y seguridad plataforma por plataforma. En Facebook, utiliza la herramienta de revisión de privacidad. Desactiva el reconocimiento facial, evita que los motores de búsqueda indexen tu perfil y limita quién puede encontrarte por correo electrónico o número telefónico. Restringe quién puede ver tu lista de amigos y tus publicaciones antiguas. En Instagram, configura tu cuenta como privada si no la utilizas profesionalmente y bloquea solicitudes de mensajes de personas que no sigues. En TikTok, visita la configuración de privacidad para impedir descargas de tus videos y desactivar la personalización de anuncios. En LinkedIn, oculta tus conexiones, desactiva el historial de visualización de perfil y evita compartir datos con terceros. En X, puedes configurar tus publicaciones como privadas, desactivar el etiquetado de ubicación y limitar los mensajes directos solo a personas que sigues.

También revisa qué aplicaciones y dispositivos están conectados a tus cuentas. Con el tiempo, solemos conceder acceso a docenas de aplicaciones de terceros —juegos, herramientas de análisis, aplicaciones de correo y más— que continúan recopilando datos mucho después de dejar de utilizarlas. Revoca el acceso a cualquier aplicación desconocida o que ya no uses. Revisa la actividad de inicio de sesión y elimina sesiones antiguas de dispositivos que ya no utilizas. Esto es especialmente importante si alguna vez accediste a tu cuenta desde una computadora compartida o pública.

Desactiva o limita el rastreo de ubicación. Las plataformas suelen insertar metadatos GPS en tu contenido sin que lo notes. Incluso si no etiquetas tu ubicación en una publicación, tu dispositivo podría estar haciéndolo automáticamente. Desactiva el uso compartido de ubicación en la configuración de tu teléfono y evita publicar mientras aún estás en un lugar físico específico, especialmente tu casa, trabajo o lugares que frecuentas.

Después, administra el etiquetado y la visibilidad. Configura tu perfil para que las publicaciones en las que te etiqueten requieran tu aprobación antes de aparecer públicamente. Esto evita que amigos o seguidores te asocien con contenido que pueda afectar tu reputación. También deberías ocultar tu fecha de nacimiento, estado sentimental y otros datos personales que los ladrones de identidad o manipuladores sociales suelen aprovechar.

No olvides tu foto de perfil y tu biografía. Aunque tu cuenta sea privada, estos elementos generalmente siguen siendo visibles para todos. Evita usar imágenes que revelen tu ubicación exacta, como la dirección de tu casa, el nombre de tu escuela o una placa de automóvil. Usa una descripción general o profesional y evita incluir información de contacto personal a menos que sea estrictamente necesario.

Finalmente, realiza una auditoría digital cada trimestre. Busca tu nombre en los principales motores de búsqueda y observa qué aparece. Revisa tus configuraciones para asegurarte de que no hayan cambiado después de actualizaciones de aplicaciones. Las plataformas suelen modificar opciones de privacidad sin avisar, restableciendo permisos o introduciendo configuraciones predeterminadas menos seguras. Mantente informado siguiendo blogs tecnológicos o sitios especializados en privacidad que monitoreen estos cambios.

Al aplicar estos pasos en tus perfiles de redes sociales, reduces significativamente el riesgo de acceso no autorizado, recopilación de datos y exposición innecesaria. No necesitas desaparecer de internet; solo necesitas ser más inteligente sobre cómo apareces en él.

El objetivo no es esconderte, sino proteger tu tiempo, tu identidad y tu tranquilidad. Tus cuentas deben trabajar para ti, no en tu contra. Tómate el tiempo para protegerlas ahora y duerme más tranquilo sabiendo que tienes el control.

Ahora, rehagamos la historia de Asha.

Asha adoraba las redes sociales. Como dueña de un pequeño negocio, las utilizaba para promocionar sus velas artesanales y conectarse con clientes de todo el país. Su cuenta de Instagram estaba cuidadosamente diseñada, su página de Facebook recibía reseñas constantes y sus videos en TikTok se volvían virales con frecuencia. Pero todo cambió el día en que despertó y encontró decenas de mensajes de amigos diciendo que habían recibido mensajes extraños enviados desde sus cuentas. Algunos incluso habían hecho clic en enlaces sospechosos que aparentemente ella había compartido.

Había perdido acceso a sus cuentas. Alguien había tomado el control de sus perfiles durante la noche.

Aterrorizada, Asha intentó restablecer sus contraseñas, pero el hacker ya había cambiado el correo electrónico y el número de teléfono asociados a sus inicios de sesión. Peor aún, comenzó a publicar anuncios fraudulentos dirigidos a sus seguidores y a enviar enlaces maliciosos en su nombre. La reputación de su marca, construida durante tres años, se estaba derrumbando en tiempo real.

Con la ayuda de un amigo experto en tecnología, Asha logró recuperar el acceso a sus cuentas. Pero la experiencia la dejó profundamente afectada. Se dio cuenta de que nunca había tomado en serio su seguridad digital. Sus contraseñas eran variaciones del nombre de su perro. Las reutilizaba en varias plataformas. Nunca había activado la autenticación de dos factores. Y no tenía idea de cuántas aplicaciones de terceros tenían acceso a sus perfiles.

Decidida a que no volviera a suceder, Asha comenzó a blindar cada cuenta que poseía. Instaló un administrador de contraseñas y creó claves fuertes y únicas. Activó la autenticación de dos factores en todo: desde su correo electrónico hasta sus redes sociales y su tienda en línea. Revocó el acceso a más de veinte aplicaciones conectadas que ni siquiera recordaba haber autorizado.

Luego profundizó en la configuración de privacidad. En Facebook, limitó quién podía ver sus publicaciones, eliminó su fecha de nacimiento y ubicación, y desactivó la posibilidad de que otros la etiquetaran sin aprobación. También evitó aparecer en motores de búsqueda públicos. En Instagram, revisó cada historia destacada y archivó publicaciones antiguas que revelaban demasiada información personal. En TikTok, bloqueó las descargas de contenido y desactivó la personalización de anuncios. Incluso actualizó su perfil de LinkedIn para ocultar su lista de contactos y desactivar la sincronización de correo electrónico.

Asha también eliminó dispositivos antiguos de su historial de acceso y comenzó a cerrar sesión cuando no utilizaba sus cuentas. Dejó de usar redes Wi-Fi públicas para tareas sensibles y empezó a utilizar una red privada virtual (VPN) mientras trabajaba en cafeterías. Lo que más le sorprendió no fue lo difícil que resultó el proceso, sino lo fácil que había sido ignorar esos pasos durante tanto tiempo.

Meses después, el negocio de Asha volvió a prosperar. Pero esta vez, tenía tranquilidad. Ya no temía despertar y encontrar el caos. Su confianza ya no solo estaba en su marca, sino en el conocimiento de que había hecho el trabajo necesario para protegerla.

Comenzó a enseñar seguridad digital a otros pequeños empresarios en talleres locales. Compartía su historia, su lista de verificación y las lecciones que había aprendido. Y cada vez que lo hacía, repetía la misma verdad que había descubierto de la manera más difícil:

"Tu cuenta de redes sociales no es solo un perfil: es tu reputación, tu negocio y tu identidad. Protégela como si tu futuro dependiera de ello, porque tal vez realmente dependa."

Capítulo 4: Reduce, Elimina y Recupera el Control

Cada vez que compartes algo en línea —ya sea una foto, comentario, registro de ubicación o "me gusta"— contribuyes a tu presencia digital. Con el tiempo, estas acciones crean un enorme archivo de tu vida, muchas veces fuera de tu control. El objetivo de este capítulo es simple: ayudarte a reducir ese desorden digital, eliminar datos innecesarios o riesgosos y recuperar el control sobre lo que el mundo —y los algoritmos— saben de ti.

El primer paso es realizar una auditoría personal de datos. Comienza buscándote en Google. Utiliza diferentes variaciones de tu nombre, nombres de usuario, correos electrónicos e incluso números de teléfono. Observa qué aparece en las primeras páginas de resultados, incluyendo imágenes, comentarios y publicaciones antiguas. Hazlo desde una ventana de navegación privada o incógnita para ver lo que encontraría un desconocido. Toma nota de cualquier cosa que quieras eliminar u ocultar.

Luego, inicia sesión en cada una de tus plataformas de redes sociales y revisa tu historial de actividad o cronología. Facebook, por ejemplo, tiene un Registro de Actividad que te permite revisar todo lo que has publicado, marcado con "me gusta" o en lo que has sido etiquetado. Instagram ofrece un panel llamado "Tu actividad" donde puedes administrar interacciones y contenido archivado. TikTok y X también permiten acceder a tu actividad pasada, aunque a veces está oculta entre varias capas de configuración.

Comienza eliminando contenido antiguo que ya no te represente. Borra publicaciones vergonzosas, opiniones irrelevantes, registros de ubicación personales o cualquier cosa que pueda sacarse de contexto. Elimina comentarios de los que te arrepientas. Quita etiquetas de fotos que no coincidan con tu imagen o valores actuales. Recuerda que, aunque algo haya parecido apropiado compartir en el pasado, eso no significa que siga siéndolo hoy.

Después, descarga tu archivo completo de datos desde cada plataforma. Muchos sitios ofrecen esta función para cumplir con leyes de privacidad como el GDPR y la CCPA. En Facebook, ve a "Configuración > Tu información de Facebook > Descargar tu información". En Instagram, navega a "Configuración > Tu actividad > Descargar tu información". Los archivos descargados mostrarán qué datos almacenan sobre ti, incluyendo información que quizás olvidaste o ni siquiera sabías que estaba siendo recopilada.

Ahora es momento de abordar las plataformas de terceros. Tu huella digital no vive únicamente en redes sociales; también está dispersa en secciones de comentarios, blogs, foros, tiendas en línea y bases de datos de intermediarios de información. Puedes utilizar servicios como JustDeleteMe, DeleteMe o PrivacyBee para eliminar tus datos de cientos de sitios que recopilan y venden información personal. También puedes solicitar manualmente la eliminación de tus datos mediante enlaces de exclusión o correos electrónicos encontrados en las políticas de privacidad.

Para evitar que se siga acumulando nueva información, ajusta tus hábitos a partir de ahora. Evita usar tu nombre real en foros públicos. No concedas permisos innecesarios al instalar nuevas aplicaciones. Rechaza sincronizar contactos o habilitar acceso a ubicación a menos que sea absolutamente necesario. Cierra sesión cuando no estés utilizando servicios y desactiva el rastreo entre plataformas siempre que sea posible.

Establece un recordatorio periódico —quizás una vez por trimestre— para revisar y limpiar tu presencia digital. Piensa en ello como una limpieza de primavera para tu vida en línea. Revisar tus cuentas regularmente, borrar historial de búsqueda y eliminar perfiles sin uso garantiza que sigas teniendo el control.

También considera utilizar cuentas alias o direcciones de correo alternativas para registros no esenciales. Esto evita que tu identidad principal quede vinculada a docenas de servicios externos. Si deseas participar en ciertas comunidades manteniendo el anonimato, utiliza un seudónimo y limita la información personal que compartes.

Ten presente que, una vez que algo se comparte en internet, puede que nunca desaparezca por completo. Capturas de pantalla, contenido almacenado en caché y copias de seguridad hacen que algunas publicaciones sobrevivan incluso después de ser eliminadas. Pero reducir tu huella visible y controlar mejor lo que compartes en el futuro sigue siendo un paso poderoso hacia la privacidad digital.

El objetivo no es borrar tu existencia en internet. Es ser estratégico e intencional sobre lo que compartes, dónde lo compartes y quién puede verlo. Tu presencia digital debería reflejar quién eres hoy, no quién eras hace diez años. Y nunca debería estar moldeada por el modelo de negocio de otra persona.

Ahora quiero hablarte de Marcus.

Marcus nunca pensó realmente en su huella digital. Como la mayoría de las personas, utilizaba redes sociales sin prestar demasiada atención al rastro que dejaba. Había estado en Facebook desde la secundaria, se unió a X durante la universidad y comenzó a usar Instagram con el tiempo. A lo largo de los años, sus cuentas se convirtieron en un museo de bromas olvidadas, fotos de fiestas, opiniones políticas y publicaciones impulsivas. No fue hasta que solicitó empleo en una empresa tecnológica que se dio cuenta de cuán expuesto estaba.

Durante el proceso de entrevista, Marcus escuchó a uno de los reclutadores mencionar una "revisión de antecedentes". No se referían solo a verificaciones legales; estaban buscando a los candidatos en internet y revisando sus redes sociales. Esa noche, Marcus buscó su nombre en línea. Lo que encontró lo sorprendió.

Había fotos universitarias usando disfraces que ahora lamentaba. Publicaciones de 2014 que le daban vergüenza. Comentarios criticando antiguos empleadores. Incluso encontró un viejo blog en Tumblr donde había escrito poemas melancólicos cuando era adolescente, ahora indexado por Google para que cualquiera pudiera verlo. Peor aún, descubrió que su dirección completa aparecía en un sitio de corredores de datos, junto con su número telefónico e ingresos estimados.

Esa noche Marcus apenas pudo dormir. A la mañana siguiente, comenzó su misión.

Primero, hizo limpieza. En Facebook revisó su registro de actividad y eliminó cientos de publicaciones antiguas. Quitó su fecha de nacimiento, historial educativo y ciudad natal. Eliminó etiquetas en docenas de fotos y pidió a amigos que borraran otras. En X eliminó publicaciones antiguas utilizando herramientas masivas y protegió futuras publicaciones. Cerró el acceso a su cuenta de Instagram y archivó contenido que ya no reflejaba la imagen que quería proyectar.

Luego fue más allá de las redes sociales. Solicitó la eliminación de sus datos en sitios de intermediarios de información. Utilizó servicios especializados para excluirse de páginas de búsqueda de personas. Eliminó cuentas en foros y tiendas en línea que ya no utilizaba. Incluso contactó a un antiguo proveedor de blogs para pedir que su blog abandonado fuera eliminado.

Marcus también cambió la forma en que interactuaba en línea. Creó un correo electrónico separado para registrarse en nuevos servicios y dejó de usar su nombre real cuando no era necesario. Dejó de etiquetar su ubicación en tiempo real y desactivó la personalización de anuncios en todas las plataformas. Incluso programó recordatorios trimestrales para revisar su presencia digital, igual que revisaría su crédito o sus finanzas.

La transformación fue liberadora. Marcus sintió que había recuperado el control de su identidad. No se avergonzaba de su pasado, pero no quería que definiera su futuro ni que fuera malinterpretado por desconocidos. Su solicitud de empleo no se vio afectada y, finalmente, consiguió un puesto en una empresa que valoraba la privacidad y la conciencia digital.

Lo que más sorprendió a Marcus fue lo poco que costó lograr un cambio tan grande. Gran parte del trabajo pudo hacerse en pocas horas, pero la tranquilidad que obtuvo fue duradera. Se sintió más seguro, más inteligente y más consciente. Incluso comenzó a hablar en encuentros tecnológicos locales, compartiendo su experiencia y animando a otros a recuperar el control de su huella digital.

Para Marcus, internet no había cambiado; lo que cambió fue la forma en que él lo utilizaba. Ya no veía las redes sociales como un diario personal o un megáfono. Las veía como lo que realmente eran: herramientas poderosas que, si se dejaban sin control, podían convertirse en un riesgo. Pero en las manos correctas, también podían ser plataformas de crecimiento, conexión y autonomía.

Y esta vez, esas manos eran las suyas.

Capítulo 5: La Red Invisible — Metadatos y Perfiles Sombra

Cuando pensamos en los datos en línea, normalmente imaginamos nombres, direcciones, fotografías o publicaciones escritas. Pero la realidad es que algunos de los datos más poderosos —y más invasivos— son invisibles para el usuario. Esta capa oculta se conoce como metadatos, y desempeña un papel fundamental en la forma en que plataformas, anunciantes e incluso gobiernos rastrean, perfilan y predicen el comportamiento humano. Paralelamente, las plataformas sociales también construyen perfiles sombra: colecciones de datos sobre personas que ni siquiera se han registrado en sus servicios. Comprender tanto los metadatos como los perfiles sombra es esencial para administrar tu huella digital.

Los metadatos suelen describirse como "datos sobre datos". No incluyen el contenido real de tu mensaje o publicación, sino el contexto que lo rodea. Por ejemplo, cuando tomas una foto con tu teléfono, los metadatos pueden incluir la hora en que fue tomada, tu ubicación GPS exacta, el tipo de dispositivo utilizado y el formato del archivo. Cuando envías un correo electrónico, los metadatos incluyen el remitente, destinatario, marca de tiempo, dispositivo utilizado e incluso tu dirección IP. Cuando visitas un sitio web, los metadatos pueden registrar cuánto tiempo permaneciste allí, dónde hiciste clic, qué dispositivo utilizaste y qué navegador estabas usando.

Las plataformas de redes sociales recopilan metadatos cada vez que te desplazas, haces una pausa, deslizas, publicas, envías mensajes o incluso pasas el cursor sobre un contenido. Estos datos les ayudan a comprender tus hábitos, preferencias y vulnerabilidades. Por ejemplo, detenerte frecuentemente en publicaciones relacionadas con ansiedad o desamor podría indicar angustia emocional, lo que podría generar anuncios dirigidos de aplicaciones de terapia o libros de autoayuda. Los metadatos también pueden utilizarse para vigilancia o toma de decisiones automatizada tanto por corporaciones como por gobiernos.

Muchos usuarios creen erróneamente que desactivar los servicios de ubicación o configurar cuentas privadas los protege completamente del rastreo. Aunque estas medidas ayudan, no eliminan la recopilación de metadatos. La mayoría de ellos se genera y registra automáticamente detrás de escena, independientemente de tus configuraciones de privacidad. Algunas plataformas incluso eliminan ciertas protecciones al subir contenido, permitiéndoles almacenar metadatos en sus servidores de manera indefinida.

Ahora veamos los perfiles sombra. Estos son expedientes digitales creados sobre personas que nunca han abierto una cuenta en una plataforma. Supongamos que un amigo se registra en Facebook y permite acceso a sus contactos. Si tu nombre, número telefónico o correo electrónico aparece en esa lista, la plataforma puede comenzar a construir un perfil sombra sobre ti, incluso si jamás te has registrado. Lo mismo sucede cuando otras personas te etiquetan en fotografías o mencionan tu nombre en publicaciones.

Los perfiles sombra son controversiales porque amplían la recopilación de datos más allá del consentimiento explícito. También permiten a las plataformas rastrear a personas que no son usuarias y combinar información de múltiples fuentes. Por ejemplo, Facebook podría saber que visitaste el sitio web de un restaurante, incluso si nunca utilizas la plataforma, gracias a píxeles de rastreo incrustados. Los perfiles sombra rara vez se revelan al público, y los usuarios no pueden ver ni eliminar la información que contienen, lo que los convierte en una seria preocupación para la privacidad.

Otro problema es cómo se utilizan los metadatos y los perfiles sombra para entrenar algoritmos. Esto incluye sistemas de reconocimiento facial, publicidad dirigida, recomendaciones de contenido e incluso campañas de influencia política. En las manos equivocadas, los metadatos pueden identificar tus rutinas, rastrear tus movimientos o determinar tus relaciones basándose en la frecuencia de comunicación o conexiones mutuas.

Para minimizar tu exposición al rastreo de metadatos y perfiles sombra, toma medidas proactivas:

- Elimina los metadatos de los archivos antes de subirlos. Puedes usar herramientas que borren datos GPS de fotografías o anonimicen archivos PDF.
- Utiliza aplicaciones cifradas como Signal Foundation o Proton AG para comunicarte; estas herramientas reducen la retención de metadatos.
- Evita conceder acceso a tus contactos, fotos, micrófono y ubicación a menos que sea absolutamente necesario.
- Cierra sesión en plataformas cuando no las utilices para reducir el rastreo entre sitios.
- Usa navegadores y extensiones centrados en privacidad, como uBlock Origin o Electronic Frontier Foundation, para bloquear rastreadores y scripts de huella digital.
- Educa a tus amigos y familiares sobre los riesgos de sincronizar contactos; tu privacidad también depende de sus decisiones.

Aunque no puedas eliminar todos los metadatos ni evitar completamente los perfiles sombra, la conciencia y la acción reducen significativamente tu exposición. Recuerda: lo que no ves suele ser lo más importante. En el mundo digital, los datos invisibles pueden tener consecuencias muy reales.

La historia del perfil sombra de Leah

Leah se consideraba una usuaria cautelosa de internet. Tenía su cuenta de Instagram privada, nunca compartía su ubicación y evitaba publicar demasiado sobre su vida personal. Pero un día, su hermano menor Max hizo un comentario casual que la dejó inquieta. "¿Esa foto que le enviaste a mamá? La vi ayer en Facebook", dijo. Pero Leah nunca había publicado esa foto; solo se la había enviado directamente por mensaje a su madre.

Curiosa y preocupada, Leah comenzó a investigar. Descubrió que su madre había sincronizado automáticamente la galería de fotos de su teléfono con Facebook. Sin darse cuenta, la cuenta de su madre había subido la imagen a un álbum privado que aún podía ser indexado por el algoritmo de la plataforma. Fue entonces cuando Leah comenzó a comprender el poder de los metadatos y lo fácilmente que podían utilizarse para rastrearla, incluso sin participación directa.

Leah empezó a investigar el concepto de metadatos. Aprendió que cada fotografía tomada incluía información integrada: fecha, hora, modelo del dispositivo y coordenadas GPS exactas. Tenía cientos de imágenes almacenadas en la nube con metadatos que revelaban dónde vivía, trabajaba, hacía ejercicio y vacacionaba; información que podía ser extraída o utilizada bajo ciertas circunstancias.

Luego revisó los metadatos de sus correos electrónicos. Incluso los mensajes que creía privados contenían encabezados que mostraban su dirección IP y datos del dispositivo. Un simple correo enviado a un amigo podía revelar su ubicación aproximada o cuándo estaba conectada. Después comprendió que las aplicaciones de mensajería que utilizaba diariamente rastreaban cuándo estaba activa, cuándo escribía, con quién hablaba más y cuánto duraban sus conversaciones.

Pero lo que más impactó a Leah fue descubrir los perfiles sombra. Ella nunca había creado una cuenta en Facebook, pero gracias a la sincronización de contactos de amigos, probablemente la plataforma ya tenía registrado su nombre, número y correo electrónico. Cuando intentó buscar información sobre sí misma, incluso recibió sugerencias para crear una cuenta con recomendaciones automáticas de personas que podría conocer. Era como si siempre hubiera formado parte de la red.

La sensación de ser rastreada sin consentimiento la hizo sentir incómoda. Nunca eligió participar en ese ecosistema, pero este se había infiltrado en su vida a través de quienes la rodeaban. Su presencia digital se extendía mucho más allá de lo que ella misma había compartido. Fue un recordatorio de que la privacidad no es solo individual, sino también colectiva.

Decidida a recuperar el control, Leah comenzó su limpieza digital. Descargó una herramienta para eliminar metadatos de sus fotografías. Cambió a un navegador centrado en la privacidad e instaló complementos anti-rastreo. Dejó de usar aplicaciones que exigían sincronización de contactos y pidió a sus amigos que hicieran lo mismo. Incluso ayudó a su madre a desactivar las cargas automáticas de fotos.

Leah también empezó a utilizar aplicaciones de mensajería cifrada para comunicarse con sus personas más cercanas. Se sintió aliviada al saber que sus conversaciones no estaban almacenadas en bases de datos ni siendo analizadas con fines publicitarios. Cada cambio que hacía le otorgaba más tranquilidad, control y confianza de que ya no estaba entregando su identidad digital sin darse cuenta.

No se trataba de esconderse, sino de elegir. Leah entendió que la recopilación de datos no es mala por defecto, pero se vuelve peligrosa cuando es invisible, involuntaria y sin responsabilidad. Decidió que ya no viviría bajo la sombra de un perfil que nunca creó.

Desde ese día, Leah trató sus metadatos con el mismo cuidado que daba a sus contraseñas, fotografías y finanzas. Formaban parte de quién era, y por eso merecían ser protegidos.

Capítulo 6: IA, Algoritmos y Manipulación

Las plataformas de redes sociales no son simplemente sitios web pasivos donde publicas actualizaciones y conectas con amigos. Detrás de escena, funcionan mediante algoritmos impulsados por inteligencia artificial diseñados para moldear tu comportamiento, dirigir tu atención e influir sutilmente en lo que crees y cómo te sientes. Aunque estos algoritmos suelen presentarse como herramientas para "personalizar tu experiencia", en realidad son motores de manipulación optimizados para maximizar la participación y las ganancias.

Cada vez que interactúas con contenido —haciendo clic, desplazándote, deteniéndote, dando "me gusta", comentando o compartiendo— estás entrenando al algoritmo. La inteligencia artificial utiliza esos datos para aprender qué capta tu atención, a qué emociones reaccionas y qué te mantiene más tiempo dentro de la plataforma. Con el tiempo, tu feed deja de reflejar el mundo real y se convierte en una cámara de eco diseñada para confirmar tus creencias, alimentar tus emociones y mantenerte haciendo clic.

Este fenómeno se conoce como burbuja de filtro. Ocurre cuando el algoritmo te muestra más contenido relacionado con lo que ya crees o disfrutas, mientras filtra puntos de vista diferentes. Aunque pueda parecer cómodo, también puede ser peligroso. Puedes comenzar a perder contacto con la realidad, creer versiones distorsionadas de los acontecimientos o desarrollar opiniones extremas debido a la exposición repetitiva a un conjunto limitado de contenido. Muchos debates políticos, culturales y de salud pública han sido profundamente influenciados por la manipulación algorítmica, muchas veces sin que los usuarios se den cuenta.

Pero no solo las noticias se ven afectadas. Las recomendaciones de productos, sugerencias de amistad, anuncios e incluso coincidencias en aplicaciones de citas son seleccionadas mediante inteligencia artificial. Estos sistemas no solo observan tu comportamiento; también predicen tus decisiones futuras. El algoritmo aprende que, si estás triste durante la noche, eres más propenso a realizar compras impulsivas. Si has visto videos sobre rupturas sentimentales, pronto podrías recibir anuncios de libros de autoayuda o incluso servicios de entrega de alcohol. Tus emociones se convierten en un producto.

Peor aún, los algoritmos pueden amplificar la desinformación y la indignación. Las publicaciones que generan enojo o miedo suelen obtener más reacciones, comentarios y compartidos. La inteligencia artificial no entiende la verdad ni el contexto; entiende la viralidad. Esto crea un ciclo donde el contenido falso, divisivo o extremo se promueve más que la información reflexiva y equilibrada. Diversos estudios muestran que los usuarios expuestos a feeds algorítmicos son más propensos a adoptar creencias polarizadas, incluso cuando creen estar tomando decisiones independientes.

Otra capa preocupante es la manipulación mediante microsegmentación. Los anunciantes utilizan datos de comportamiento para enviarte mensajes extremadamente específicos que nadie más ve. Esta técnica ha sido utilizada para influir en elecciones, desalentar votos o dirigir productos depredadores a personas vulnerables. Debido a que estos mensajes son tan personalizados, existe poca transparencia pública. Ni siquiera sabes que estás siendo manipulado porque parece una parte natural de tu feed.

Entonces, ¿qué puedes hacer para recuperar el control?

Primero, toma conciencia de cómo funciona el algoritmo. Pregúntate por qué estás viendo una publicación o anuncio específico. Plataformas como Instagram y Facebook ahora ofrecen explicaciones del tipo "Estás viendo esto porque...". Revisa esas opciones con frecuencia. Utiliza esa información para ajustar tus preferencias y bloquear contenido irrelevante o manipulador.

Segundo, sigue una amplia variedad de fuentes para salir de tu burbuja. Interactúa deliberadamente con perspectivas distintas y no dependas exclusivamente de las redes sociales como fuente de noticias. Utiliza aplicaciones de noticias independientes o visita sitios web directamente.

Tercero, limita los disparadores emocionales. Evita interactuar con contenido que te haga sentir excesivamente enojado o reactivo. El algoritmo aprende de la intensidad emocional. Si reaccionas con fuerza, te mostrará más de lo mismo. En lugar de responder impulsivamente, haz una pausa y reflexiona antes de comentar, compartir o dar "me gusta".

Cuarto, utiliza navegación manual y curación personal. En lugar de desplazarte sin fin por un feed, visita directamente creadores o cuentas en las que confías. Crea listas guardadas o carpetas para organizar tu información y evitar las recomendaciones automáticas del algoritmo.

Finalmente, considera tomar descansos. Las redes sociales están diseñadas para generar adicción. El desplazamiento infinito, los "likes" y las notificaciones son detonantes de dopamina. Alejarte por momentos ayuda a reiniciar tu perspectiva y reducir tu exposición a la manipulación.

La verdad es que la inteligencia artificial no es neutral; ha sido entrenada para maximizar la atención y los ingresos, no la verdad ni el bienestar. Pero cuando entiendes el sistema, puedes salir de él. Puedes usar estas plataformas como herramientas, en lugar de permitir que ellas te utilicen como objetivo.

El control comienza con la conciencia, y la conciencia comienza aquí.

Cómo Jamal aprendió a manejar las redes sociales

Jamal adoraba navegar por redes sociales durante la noche. Se había convertido en una rutina: terminar el trabajo, preparar algo de comer y sumergirse en su feed para relajarse. TikTok, YouTube y Instagram eran sus favoritas. Reía con memes, veía videos sobre zapatillas o videojuegos y revisaba qué hacían sus amigos. Pero con el tiempo, algo comenzó a cambiar.

Su feed empezó a transformarse. Los chistes se volvieron más oscuros. Los videos más agresivos. Empezó a ver teorías conspirativas, discursos cargados de enojo y "verdades explosivas" sobre política, relaciones y sociedad. Al principio era entretenido. Luego se volvió adictivo. Se quedaba despierto mucho más tiempo del que planeaba, atrapado en espirales emocionales. Sentía indignación, luego confusión y después una extraña energía. Pero no podía detenerse.

Un día, Jamal reaccionó. Estaba viendo un video que afirmaba algo absurdo sobre un evento mundial, algo que sabía que no era cierto. Sin embargo, los comentarios estaban llenos de personas de acuerdo. Cuando buscó la información en Google, descubrió que la historia real era completamente diferente. Fue una llamada de atención.

Comenzó a cuestionarlo todo. ¿Por qué le mostraban ese contenido? ¿Quién decidía que eso era lo que debía ver? Esa noche ingresó a la configuración de su cuenta y descubrió algo sorprendente. Su perfil de "intereses publicitarios" lo describía como ansioso, emocional, políticamente reactivo e impulsivo. El tiempo que pasaba viendo ciertos videos mostraba que permanecía más tiempo frente a contenido que generaba miedo o enojo. El algoritmo simplemente había seguido las pistas y le devolvía más de lo que lo mantenía atrapado.

Jamal se sintió manipulado. El feed no solo reflejaba sus intereses; también los moldeaba. Lo había guiado silenciosamente a pasar más tiempo en la plataforma alimentando sus emociones más intensas. Comprendió que el sistema no estaba diseñado para beneficiarlo, sino para lucrar con su atención.

Decidido a recuperar el control, dejó de seguir decenas de cuentas tóxicas y comenzó a organizar cuidadosamente su feed. Añadió creadores educativos, recursos de salud mental y voces positivas. Comenzó a visitar sitios de noticias confiables en lugar de depender de recomendaciones automáticas. Instaló límites de tiempo de pantalla y silenció notificaciones que antes lo hacían revisar aplicaciones cada pocos minutos.

Pero lo más importante fue que cambió su mentalidad. Dejó de aceptar su feed como un reflejo neutral de la realidad. Empezó a hacerse preguntas: ¿Por qué esto se volvió viral? ¿Qué emoción intenta provocar? ¿Quién gana con mi reacción?

Poco a poco, la niebla desapareció. Se sintió más enfocado, más equilibrado y menos reactivo. El contenido también cambió. Cuando dejó de alimentar al algoritmo con indignación, este dejó de devolvérsela.

Jamal siguió usando redes sociales, pero ahora bajo sus propias reglas. No más desplazamiento interminable. No más trampas emocionales. No más hilos invisibles tirando de su mente. Finalmente comprendió que, cuando le entregas el volante a un algoritmo, este te conducirá hacia aquello que te mantiene conectado, no necesariamente hacia lo que es mejor para ti.

Pero cuando recuperas ese volante, ya no solo estás navegando. Estás eligiendo.

Capítulo 7: Niños, Adolescentes y el Riesgo de Compartir Demasiado en Línea

Los niños y adolescentes están creciendo en un mundo donde compartir contenido digital no es opcional: es esperado. Desde anuncios de nacimiento hasta transmisiones en vivo de cumpleaños, desde bailes en TikTok hasta selfies escolares, la juventud actual vive bajo la mirada pública de las redes sociales. Aunque estas plataformas puedan parecer inofensivas —o incluso divertidas— la realidad es que compartir demasiado, tanto por parte de niños, adolescentes y sus propios padres, implica riesgos de privacidad significativos y duraderos.

Comencemos con el concepto de "sharenting". Este término se refiere a padres que publican frecuentemente fotos, videos y actualizaciones personales sobre sus hijos en internet. Aunque las intenciones suelen ser inocentes —documentar el crecimiento o compartir momentos felices— estas publicaciones pueden generar consecuencias no deseadas. Muchas imágenes de niños se suben acompañadas de nombres completos, fechas de nacimiento, nombres de escuelas e incluso etiquetas de ubicación. Toda esta información pasa a formar parte de la huella digital permanente del menor antes de que siquiera comprenda qué significa la privacidad.

Compartir demasiado puede volver a los niños vulnerables al robo de identidad, acecho, reconocimiento facial e incluso abuso mediante deepfakes en el futuro. Algunos padres publican accidentalmente imágenes que muestran expedientes médicos, direcciones del hogar u otros datos identificables. Peor aún, los niños no pueden dar consentimiento para que su imagen se publique en línea, y aun así esta puede ser buscada, descargada o copiada sin autorización.

Para los adolescentes que administran sus propias cuentas, el riesgo es aún mayor. Muchas veces no tienen la madurez suficiente para comprender el impacto a largo plazo de lo que publican. Un video impulsivo, una publicación hecha en un momento emocional o un comentario realizado como broma pueden viralizarse o ser capturados mediante capturas de pantalla y utilizados más adelante para acoso, chantaje o daño reputacional. Lo que parece temporal puede permanecer para siempre.

Además, el uso excesivo de redes sociales entre jóvenes está relacionado con desafíos de salud mental. Diversos estudios vinculan el exceso de tiempo frente a pantallas y la comparación social con mayores niveles de ansiedad, depresión, problemas de imagen corporal y ciberacoso. Muchos adolescentes buscan validación a través de "likes", seguidores o comentarios, sin darse cuenta de que participan en un sistema diseñado para ser adictivo y basado en la apariencia.

Otro problema importante es la creación de perfiles de datos. Plataformas como TikTok, Snapchat e Instagram recopilan datos de comportamiento de adolescentes con la misma intensidad que lo hacen con adultos. Rastrean qué contenido se observa, cuánto tiempo se mira, a quién se sigue, qué filtros se utilizan e incluso datos biométricos como movimientos faciales. Esta información se utiliza para crear perfiles psicológicos que luego sirven para enviar anuncios dirigidos o incluso contenido que fomenta comportamientos riesgosos.

Entonces, ¿qué se puede hacer?

Los padres y tutores deben asumir un papel proactivo. Primero, establece reglas de privacidad para tu propio contenido. Evita publicar el nombre completo de tu hijo, escuela, rutina diaria o ubicación en tiempo real. No compartas fotos de niños en trajes de baño, baños o momentos íntimos. Utiliza iniciales, apodos o emojis para ocultar rostros si es necesario. Pregúntate: "¿Me gustaría que esta foto mía estuviera en internet para siempre?"

Luego, conversa con tus hijos desde temprana edad sobre los límites digitales. Enséñales que internet es permanente, que cada publicación puede guardarse y que la privacidad es un derecho que merece protección. Anímalos a pensar dos veces antes de publicar. Ayúdales a configurar sus cuentas como privadas y asegúrate de que sepan cómo bloquear o denunciar usuarios dañinos.

Para los adolescentes, establece límites saludables de tiempo frente a pantallas, pero sobre todo, genera conciencia. Habla sobre presión social, tendencias virales y los peligros de compartir demasiado. En lugar de solo decir "no hagas esto", muéstrales consecuencias reales y ayúdalos a tomar decisiones informadas. Modela hábitos saludables, porque los niños aprenden más por imitación que por reglas.

Utiliza herramientas de control parental y monitoreo como el Tiempo en Pantalla de Apple, Google Family Link o aplicaciones de terceros para mantenerte informado sobre qué plataformas usan tus hijos. Pero recuerda: monitorear no es lo mismo que confiar. Construye una comunicación abierta para que tus hijos se sientan seguros haciendo preguntas y compartiendo preocupaciones.

Finalmente, considera crear un "contrato digital" con tus hijos: un acuerdo mutuo que establezca responsabilidades, límites y expectativas sobre el uso de internet. Incluye reglas para publicar contenido, interactuar con otros y manejar errores. Hazles saber que equivocarse en línea no es imperdonable, pero que la honestidad y la conciencia son esenciales.

Al enseñar a los jóvenes a valorar su privacidad desde pequeños, les damos herramientas para convertirse en ciudadanos digitales responsables, capaces de utilizar la tecnología con confianza y control. Internet no desaparecerá. Pero con educación, límites y orientación, compartir demasiado no tiene por qué definir su futuro.

Ahora hablemos de la historia de Emma.

Emma era una madre orgullosa. Su hija Lily acababa de cumplir siete años y la fiesta de cumpleaños había sido mágica: globos, pastel y mucha alegría. Como muchos padres, Emma publicó algunas fotos en Facebook: Lily soplando las velas, abriendo regalos y abrazando a sus amigos. Etiquetó la ubicación, añadió hashtags y observó cómo llegaban los "me gusta" y corazones.

No le dio demasiada importancia hasta que una amiga comentó: "¡Qué linda! Va a la misma escuela que mi sobrino... ¡qué pequeño es el mundo!". Fue entonces cuando Emma se dio cuenta: había publicado el nombre completo de Lily, su uniforme escolar y la ubicación exacta en una sola foto. Cualquiera podía saber dónde estudiaba su hija e incluso cuándo estaba allí.

Emma sintió un nudo en el estómago. Creía que su cuenta era privada, pero al revisar descubrió que el álbum de cumpleaños estaba configurado como "Público". Comenzó a recorrer su historial y encontró decenas de fotos de años anteriores: baños, visitas médicas, vacaciones familiares. Eran recuerdos tiernos, pero ahora parecían demasiado reveladores.

Mientras tanto, al otro lado de la ciudad, Lucas, de 14 años, enfrentaba su propia experiencia de sobreexposición. Acababa de comenzar la secundaria y tenía una cantidad considerable de seguidores en TikTok. Una noche, frustrado con un compañero, publicó un video sarcástico burlándose de una situación escolar. No pretendía ser cruel, pero mencionó a un profesor por nombre. El video recibió más visitas que cualquier otro contenido que había publicado.

A la mañana siguiente, Lucas fue llamado a la oficina del director. Alguien había enviado el video al personal escolar. El profesor estaba molesto y sus padres furiosos. Lucas no comprendía lo rápido que podía difundirse el contenido ni las consecuencias reales que podía tener. "Pensé que solo se quedaría en mi perfil", murmuró. "No creí que a alguien le importara."

Esa noche, Lucas eliminó gran parte de sus videos antiguos. Revisó comentarios y se dio cuenta de cuánta información personal había compartido sin notarlo: nombre de la escuela, rutina diaria e incluso la parada de autobús. Se sintió expuesto.

Emma y Lucas aprendieron la misma lección, aunque desde perspectivas distintas: internet no olvida. Lo que parece inofensivo en el momento puede transformarse en un riesgo de seguridad, un problema reputacional o una fuente de arrepentimiento.

Emma tomó medidas. Limpió su perfil de Facebook, eliminó etiquetas de fotos y dejó de publicar imágenes completas del rostro de Lily. Empezó a utilizar aplicaciones privadas para compartir momentos familiares. También se sentó con Lily para enseñarle sobre privacidad: qué significa, por qué importa y cómo protegerla. "Aunque seas pequeña", le dijo, "tienes derecho a decidir qué ve el mundo".

Lucas también cambió sus hábitos. Configuró su cuenta como privada y eliminó seguidores que no conocía personalmente. Comenzó a preguntarse: "¿Me sentiría cómodo si mi profesor o mi futuro jefe viera esto?" antes de publicar. Seguía haciendo videos divertidos, pero ahora se enfocaban en temas generales, no en personas o lugares reales.

Sus historias no eran sobre miedo, sino sobre crecimiento. Comprendieron que la conciencia digital no es solo para expertos en tecnología. Es para cada padre, cada adolescente y cada niño que sostiene un teléfono inteligente. Se trata de proteger el derecho a crecer sin un registro permanente de cada error, broma o fotografía.

Compartir demasiado no comienza con malas intenciones, pero a menudo termina con consecuencias inesperadas. Afortunadamente, la conciencia puede cambiar el rumbo. Emma y Lucas aprendieron la lección a tiempo, y otros también pueden hacerlo.

Capítulo 8: Desintoxicación Digital y Uso Consciente de las Redes Sociales

Internet fue diseñado para conectarnos, informarnos y entretenernos, pero en algún momento del camino comenzó a volverse abrumador. Las notificaciones nunca se detienen. Los feeds nunca terminan. Los mensajes se acumulan. Y la línea entre la vida real y la vida en pantalla se vuelve cada vez más borrosa. Por eso la desintoxicación digital y el uso consciente de las redes sociales ya no son lujos: son esenciales para la claridad mental, la salud emocional y la recuperación del control sobre tu tiempo y energía.

Comencemos con el problema: las redes sociales están diseñadas para ser adictivas. Cada función —el desplazamiento infinito, los "me gusta", los corazones y las notificaciones emergentes— está creada para activar respuestas de dopamina en el cerebro. Estas características generan un ciclo de retroalimentación que te hace volver una y otra vez, muchas veces sin darte cuenta. La persona promedio toca su teléfono más de 2,600 veces al día. Muchos comienzan y terminan sus días frente a una pantalla, sin darle a su mente un descanso real.

Las consecuencias son importantes. Diversos estudios han encontrado vínculos entre el uso excesivo de redes sociales y la ansiedad, depresión, mala calidad del sueño, baja autoestima, problemas de atención e incluso soledad. La exposición constante a vidas aparentemente perfectas y felicidad superficial puede distorsionar tu percepción personal. Las notificaciones secuestran tu atención y dispersan tu enfoque. Y la presión por mantenerse "actualizado" hace que muchas personas se sientan permanentemente atrasadas.

Aquí es donde entra la desintoxicación digital. Una desintoxicación digital no significa eliminarlo todo y desaparecer de internet —a menos que así lo desees—. Se trata de crear un espacio intencional entre tú y tus dispositivos. Es romper patrones inconscientes y reentrenar tu mente para utilizar la tecnología como una herramienta, no como un amo.

Comienza con una auditoría de tiempo. Usa aplicaciones de seguimiento de pantalla como Moment, RescueTime o Tiempo en Pantalla de Apple para descubrir cuántas horas pasas en redes sociales. Es posible que te sorprendas. Luego identifica qué aplicaciones consumen tu tiempo sin aportar valor real. Esas son las primeras que deberías reducir o pausar.

Después, establece zonas o momentos "sin teléfono". Por ejemplo: no usar el celular en la cama, durante las comidas o en la primera hora después de despertar. Silencia notificaciones innecesarias y elimina aplicaciones sociales de la pantalla principal. Usa el modo escala de grises para que las aplicaciones sean menos atractivas visualmente. Incluso cambios simples, como mantener el teléfono fuera de alcance mientras trabajas, pueden reducir drásticamente la necesidad compulsiva de revisarlo.

Considera programar "sábados digitales" o pausas semanales. Toma un día libre de redes sociales o prueba pasar un fin de semana sin aplicaciones. Durante ese tiempo, observa cómo te sientes. ¿Lo extrañas o te sientes más enfocado, relajado y presente?

Cuando uses redes sociales, practica la participación consciente. Pregúntate: ¿Por qué estoy abriendo esta aplicación? ¿Qué espero obtener de ella? ¿La estoy usando con intención o simplemente reaccionando al aburrimiento o al estrés? Estas preguntas te sacan del piloto automático y te llevan a la conciencia.

Otra estrategia es curar tu feed. Deja de seguir cuentas que te hagan sentir ansiedad, inseguridad o irritación. Sigue personas que eduquen, inspiren y aporten valor. Usa sin miedo las funciones de silenciar o bloquear; existen para proteger tu tranquilidad. Tu feed debería reflejar tus valores y metas, no arrastrarte hacia la comparación o el conflicto.

También es útil practicar un consumo activo en lugar de desplazamiento pasivo. Deja comentarios reflexivos. Guarda publicaciones significativas. Comparte contenido con propósito. Cuanto más intencional sea tu actividad, menos vulnerable serás a la manipulación algorítmica o al agotamiento emocional.

Finalmente, reconecta con actividades fuera de línea. Da paseos sin tu teléfono. Escribe en un diario. Lee libros. Habla cara a cara con otras personas. Practica hobbies que no requieran pantallas. Estos momentos analógicos restauran el equilibrio, reducen la ansiedad y ayudan a recuperar tu capacidad de atención.

Recuerda: una desintoxicación digital no se trata de rechazar la tecnología, sino de reiniciar tu relación con ella. Las redes sociales no son inherentemente malas. Se vuelven dañinas cuando dominan tu vida, roban tu atención o controlan tus emociones. El uso consciente las convierte nuevamente en una herramienta saludable: una forma de conectar, expresarte y crecer sin perderte en el proceso.

Tu tiempo y tu atención son valiosos. Protégelos con intención.

La historia de desintoxicación digital de Maya

Maya se dio cuenta de que algo no estaba bien cuando se descubrió revisando Instagram en medio de la noche —otra vez—. Ni siquiera fue una decisión consciente. Se despertó para ir al baño, tomó el teléfono por costumbre y, antes de darse cuenta, llevaba 45 minutos viendo videos de vacaciones de desconocidos, tutoriales de belleza y frases motivacionales que empezaban a mezclarse unas con otras.

No lo disfrutaba. No estaba aprendiendo nada. Simplemente estaba allí, desplazándose.

Esa mañana, Maya se sintió nublada y desconectada. Ya había experimentado esa sensación antes: mañanas cansadas, tardes ansiosas y noches que desaparecían frente al teléfono. Culpaba al estrés, a la falta de motivación o incluso a su alimentación. Pero al revisar el informe de tiempo de pantalla, la verdad fue imposible de ignorar: pasaba casi cinco horas diarias en redes sociales. Eso equivalía a 35 horas por semana, más que un trabajo de tiempo completo.

Pensó en cómo gastaba ese tiempo: viendo reels interminables, revisando "likes", respondiendo chats grupales, comparándose con influencers y actualizando feeds que nunca terminaban. Extrañaba leer libros. Extrañaba escribir en su diario.

Extrañaba conversaciones reales sin interrupciones constantes.

Entonces Maya decidió probar algo radical: una semana de desintoxicación digital.

No eliminó sus cuentas, pero borró Instagram, TikTok y Facebook de su teléfono. Desactivó todas las notificaciones no esenciales. Activó la escala de grises y dejó el teléfono lejos mientras trabajaba. Al principio se sintió extraño, como si le faltara algo. Pero para el tercer día, la niebla mental comenzó a disiparse.

Empezó a notar pequeñas cosas: el silencio de una caminata matutina, el sonido de sus propios pensamientos, la sensación de cuánto puede durar realmente un minuto. Volvió a escribir en su diario. Llamó a una amiga solo para conversar. Fue a una clase de yoga sin revisar el teléfono después. Se dio cuenta de cuánto tiempo había estado entregando sin darse cuenta.

Cuando terminó la desintoxicación, Maya reinstaló las aplicaciones, pero esta vez con reglas. Nada de redes sociales antes del desayuno ni después de las 9 p.m. Una sola sesión diaria de desplazamiento, con un máximo de 30 minutos. Dejó de seguir cuentas que le generaban inseguridad o distracción. Llenó su feed de educadores, artistas y amistades que la inspiraban. Incluso estableció un domingo “sin scroll”, un descanso semanal para reiniciar.

Maya no se volvió anti-tecnología. Seguía compartiendo fotos, hablando con amigos y usando redes sociales para promocionar su trabajo. Pero ahora lo hacía de forma intencional. Ya no era dueña de su atención. Ya no navegaba para escapar, sino para participar con claridad.

El cambio fue sutil, pero poderoso. Se sintió menos ansiosa, más enfocada y más auténtica. Reía más. Dormía mejor. Pensaba con mayor profundidad. Todo porque decidió recuperar el control de algo que silenciosamente había comenzado a controlar su vida.

La desintoxicación digital no significó desconectarse para siempre. Significó reconectarse consigo misma.

Capítulo 9: Redes Sociales para Profesionales

En el mundo digital actual, tu presencia en línea suele convertirse en tu primera impresión. Ya sea que estés solicitando empleo, construyendo un negocio, haciendo networking o trabajando como freelancer, las redes sociales se han convertido en una parte fundamental de tu marca profesional. Pero aunque estas plataformas ofrecen grandes oportunidades para conectar y crecer, también pueden perjudicar tu credibilidad o exponer aspectos privados de tu vida si no se administran correctamente.

Una huella digital gestionada profesionalmente puede abrir puertas. Una mal cuidada puede cerrarlas silenciosamente. Por eso es esencial separar tu vida personal de tu vida profesional en internet, controlar qué es visible públicamente y asegurarte de que tus redes sociales reflejen tus valores, experiencia y objetivos, y no solo tus emociones, hobbies o momentos impulsivos.

Comienza realizando una auditoría profesional de tu presencia digital. Búscate en Google utilizando tu nombre completo junto con palabras clave relacionadas con tu profesión o ciudad. Revisa tus perfiles en LinkedIn, Facebook, Instagram e incluso cuentas antiguas que hayas olvidado. ¿Qué aparece? ¿Qué vería un posible empleador, cliente o colaborador? ¿Representa realmente quién eres como profesional?

Luego, crea una separación clara entre tus cuentas personales y tus perfiles profesionales. Idealmente, utiliza distintos nombres de usuario, direcciones de correo electrónico y configuraciones de privacidad para cada uno. En plataformas como LinkedIn, todo debería tener un enfoque profesional. Pero en espacios más informales como Instagram o TikTok, considera si tu contenido personal podría afectar negativamente la percepción que otros tengan de ti en tu industria. Si es necesario, crea una cuenta pública separada para contenido profesional y mantén tu cuenta personal privada.

Recuerda que incluso los perfiles "privados" pueden ser encontrados, etiquetados o capturados mediante pantallas. Antes de publicar algo, pregúntate: "¿Me sentiría cómodo si un futuro empleador o cliente viera esto fuera de contexto?" Si la respuesta es no, probablemente sea mejor no publicarlo.

En LinkedIn, asegúrate de que tu perfil esté completo, actualizado y claro. Utiliza una fotografía profesional, redacta un resumen convincente y enumera logros relevantes. Evita palabras vacías o clichés; sé específico con tus resultados y experiencias. Conecta estratégicamente, interactúa con líderes de opinión y comparte contenido que demuestre tu conocimiento.

En Instagram o TikTok, si los utilizas para branding profesional, mantén una biografía clara y alineada con tu nicho. Define pilares de contenido —por ejemplo, educación, testimonios, procesos detrás de escena— para guiar tus publicaciones. Muestra tu experiencia y personalidad de forma auténtica, pero evita compartir demasiado, comentar impulsivamente o publicar contenido que pueda interpretarse como poco profesional o polémico.

Sé cuidadoso con publicaciones políticas, religiosas o controvertidas, especialmente si mezclas contenido personal y profesional. Aunque tus opiniones sean válidas, pueden alejar involuntariamente a clientes, colegas o reclutadores. Conoce a tu audiencia y recuerda que los matices suelen perderse en los espacios digitales.

Tus comentarios y "me gusta" también forman parte de tu imagen profesional. Muchas personas olvidan que interactuar con contenido inapropiado puede afectar su reputación, incluso si sus propias publicaciones son impecables. Asume siempre que tu actividad está siendo observada y evaluada.

Considera configurar alertas de nombre mediante Google Alerts para tu nombre o el de tu empresa. Así recibirás notificaciones cuando aparezca nuevo contenido relacionado contigo en internet. Gestionar tu reputación de manera proactiva te permite mantener el control.

Finalmente, utiliza herramientas de privacidad y configuraciones de visibilidad para decidir qué partes de tu perfil son públicas. Por ejemplo, en LinkedIn puedes ocultar tu lista de contactos. En Facebook puedes limitar la visibilidad de publicaciones antiguas. En Instagram puedes archivar historias o restringir quién puede ver ciertos contenidos.

El objetivo final es encontrar equilibrio: ser visible, auténtico y accesible sin volverte vulnerable o descuidado. Cuando se usa correctamente, las redes sociales se convierten en una herramienta estratégica para tu carrera. Te permiten contar tu historia, atraer oportunidades y conectar con una red global mientras mantienes tu integridad y tranquilidad.

En el mundo moderno, tu currículum puede abrir una puerta, pero tu presencia digital puede determinar si esa puerta permanece abierta.

Ahora quiero hablarte de Trevor.

Trevor estaba emocionado. Había conseguido una entrevista

para un trabajo que realmente deseaba: coordinador de comunicaciones para una organización sin fines de lucro en crecimiento. Tenía experiencia, referencias y entusiasmo. Mientras se preparaba para la entrevista, estudió tendencias de la industria, mejoró su currículum y eligió su mejor saco.

Lo que Trevor no sabía era que, antes de entrar a la sala, el reclutador ya lo había buscado en Google.

A primera vista, su perfil de LinkedIn se veía excelente: foto profesional, historial laboral sólido y publicaciones activas. Pero unos clics más llevaron al reclutador a su perfil en X, donde el tono era menos pulido. Había comentarios nocturnos, opiniones sarcásticas sobre eventos actuales y bromas que podían malinterpretarse fácilmente. En Instagram, su cuenta personal era pública y mostraba fotos de fiestas, selfies improvisadas y publicaciones que revelaban más sobre su vida sentimental que sobre su profesionalismo.

Nada era ofensivo ni malintencionado. Pero tampoco proyectaba la imagen de alguien preparado para representar la misión de una organización.

Trevor no obtuvo el empleo.

Frustrado, pidió retroalimentación y le dijeron amablemente que “otro candidato encajaba mejor con la cultura de la empresa". Esa noche, Trevor observó seriamente su presencia digital. Durante años había tratado las redes sociales como un espacio completamente personal, sin pensar cómo podían afectar su carrera.

Entonces comenzó a hacer cambios.

Creó una cuenta profesional de Instagram donde compartía consejos de comunicación, ejemplos de storytelling para organizaciones y experiencias de talleres o conferencias. Conservó su cuenta personal, pero la volvió privada y eliminó contenido que consideraba demasiado revelador o inmaduro. Dejó de publicar impulsivamente y comenzó a programar contenido alineado con sus metas profesionales.

En X, eliminó cientos de publicaciones antiguas y empezó a participar en conversaciones sobre ética digital y comunicación. Siguió líderes de opinión, compartió investigaciones y realizó preguntas inteligentes. Su tono evolucionó. No se volvió falso; simplemente se volvió intencional.

También actualizó su perfil de LinkedIn. Mejoró su fotografía, reescribió su titular profesional y añadió certificaciones y voluntariados que antes no aparecían. Comenzó a publicar regularmente sobre proyectos, aprendizajes y tendencias de comunicación.

Dos meses después, un reclutador lo contactó por LinkedIn con una nueva oportunidad. Esta vez, el proceso terminó con una oferta exitosa. El equipo de contratación elogió su presencia digital. "Nos encanta cómo te presentas", dijo el entrevistador. "Nos dio una gran idea de tu profesionalismo y personalidad."

Trevor entendió que, en un mundo digital, su huella en línea no estaba separada de su carrera; era parte de ella. Cada comentario, fotografía y biografía contribuía a cómo las personas lo percibían mucho antes de conocerlo.

No eliminó su personalidad; simplemente se volvió más consciente de cómo aparecía en internet. Descubrió que las redes sociales podían convertirse en una poderosa plataforma de crecimiento, conexión y credibilidad cuando se utilizaban con intención.

Desde entonces, Trevor adoptó el hábito de revisar regularmente su reflejo digital. Porque comprendió que, en el mundo actual, tu marca no es lo que dices de ti mismo, sino lo que otros encuentran cuando buscan tu nombre.

Capítulo 10: Cómo Crear una Estrategia de Redes Sociales Centrada en la Privacidad

En este punto, ya has explorado las muchas formas en que las redes sociales pueden afectar tu privacidad, salud mental, imagen profesional e incluso tus relaciones. El siguiente paso es poner todo ese conocimiento en práctica construyendo tu propia estrategia de redes sociales centrada en la privacidad: un sistema personalizado que te permita disfrutar de los beneficios de estar conectado sin comprometer tu control, tus datos ni tu dignidad.

La verdad es que no necesitas desaparecer de internet para proteger tu privacidad. Solo necesitas una estrategia alineada con tus valores, objetivos y límites personales. Todo comienza con la intención. Pregúntate: ¿Por qué utilizo cada plataforma? Si la respuesta no está clara o si una plataforma constantemente drena tu energía, considera alejarte o eliminarla por completo. No necesitas estar presente en todas partes.

Una vez que hayas reducido tu enfoque a las plataformas que realmente te benefician, dedica tiempo a reconstruir tus perfiles con la privacidad en mente. Para cuentas personales, adopta un enfoque minimalista. Incluye solo lo necesario. Elimina fechas de nacimiento, estado sentimental, ciudad de residencia o detalles laborales, salvo que sean absolutamente esenciales. Utiliza un apodo o seudónimo si la privacidad es una prioridad. Para las fotos de perfil, evita usar imágenes faciales que puedan ser analizadas mediante reconocimiento facial; considera usar avatares, objetos o imágenes con filtros.

Luego, ajusta la configuración de visibilidad. Haz que tus publicaciones sean visibles únicamente para amigos o listas personalizadas. Desactiva la indexación en motores de búsqueda y limita quién puede enviarte solicitudes, mensajes o etiquetarte en fotos. Muchas plataformas permiten revisar etiquetas antes de que aparezcan públicamente; activa esa función. Deshabilita o limita el rastreo de ubicación, las historias compartidas, el reconocimiento facial y la personalización de anuncios.

Si utilizas redes sociales para negocios o comunicación pública, desarrolla un perfil separado con contenido cuidadosamente seleccionado que refleje tus valores y experiencia, pero que excluya detalles personales sensibles. Considera usar un calendario de contenido y evita publicar en tiempo real para reducir vulnerabilidades relacionadas con tu ubicación. Mantén un tono profesional y separa asuntos personales de tus cuentas públicas.

Otro elemento clave de una estrategia centrada en la privacidad es controlar el acceso de terceros. Muchas personas desconocen cuántas aplicaciones y servicios han conectado a sus perfiles sociales con el tiempo: juegos, cuestionarios, extensiones, tiendas y más. Estas conexiones suelen permanecer activas durante años y continúan recopilando datos. Revisa las secciones "Aplicaciones y sitios web" o "Aplicaciones conectadas" de cada plataforma y elimina cualquier acceso innecesario.

Para ir un paso más allá, adopta herramientas que fortalezcan tu privacidad, como redes privadas virtuales (VPN), aplicaciones de mensajería cifrada, extensiones anti-rastreo y herramientas para eliminar metadatos. Usa plataformas centradas en privacidad como Signal Foundation para mensajería, Brave Software o Mozilla para navegación, y servicios de correo seguro como Proton AG o Tutanota.

También considera qué tan rastreable o fácil de encontrar es tu contenido. Si deseas tener menos visibilidad, evita usar tu nombre completo, etiquetas de ubicación o marcas de tiempo exactas. No compartas en exceso tu rutina diaria, información de familiares o viajes próximos. Recuerda: la privacidad no se trata solo de lo que publicas, sino de los patrones que construyes.

Además de protegerte, incorpora hábitos proactivos dentro de tu estrategia. Programa una revisión trimestral de privacidad donde revises configuraciones, elimines contenido innecesario, actualices contraseñas y evalúes qué plataformas siguen aportando valor a tus objetivos. Piensa en ello como un mantenimiento preventivo para tu vida digital.

Lo más importante es recordar que tú controlas tu narrativa. No permitas que algoritmos, anunciantes o influencers decidan qué compartes, cuándo lo haces o cómo deberías sentirte contigo mismo. Si quieres publicar menos, hazlo. Si deseas dejar de seguir, silenciar o bloquear cuentas, hazlo. Si necesitas desaparecer una semana o un año, también es tu derecho.

Crear una estrategia de redes sociales basada en la privacidad no significa esconderse ni vivir con paranoia. Significa elegir participar desde una posición de fortaleza y conciencia, no desde la comodidad o la costumbre. Significa proteger tu futuro siendo intencional en el presente.

Tu privacidad es tu poder. Protégela con propósito y utiliza tu presencia digital bajo tus propios términos.

La historia de Nina y la privacidad por elección

Nina siempre había amado las redes sociales. Como escritora freelance y bloguera de viajes a tiempo parcial, sus publicaciones eran vibrantes, atractivas y llenas de detalles personales. Sus seguidores sabían dónde se hospedaba, qué cafetería visitaba esa mañana y qué libros estaba leyendo. Le encantaba compartir; la hacía sentir conectada. Hasta que un día, las cosas se volvieron demasiado personales.

Acababa de llegar a Lisboa cuando recibió un mensaje de un seguidor: "Te vi en la cafetería cerca de tu Airbnb... ¡qué pequeño es el mundo!". Nina quedó paralizada. Nunca había compartido el nombre del Airbnb; solo había publicado una foto de la puerta principal y etiquetado el vecindario. Pero había sido suficiente. Esa experiencia la inquietó profundamente. Sus publicaciones revelaban con demasiada facilidad su ubicación exacta, sus horarios de viaje y sus hábitos diarios. No había sido víctima de un ataque ni de acoso, pero algo cambió. La intimidad de su vida digital comenzó a sentirse expuesta.

Cuando regresó a casa, Nina decidió replantear completamente su enfoque.

No quería abandonar las redes sociales; disfrutaba la creatividad y la comunidad. Pero quería recuperar el control. Comenzó con una limpieza digital. Eliminó ubicaciones exactas de sus descripciones. Archivó cientos de publicaciones antiguas que incluían nombres de calles, etiquetas de amigos o detalles identificables. Cambió su perfil a un apodo y actualizó su correo electrónico a una cuenta separada utilizada exclusivamente para redes sociales.

Después profundizó aún más. Revisó cada aplicación conectada y revocó permisos que ya no reconocía. Descargó su archivo de datos de Instagram y quedó impactada por la cantidad de metadatos almacenados: ubicaciones, identificadores de dispositivos, etiquetas faciales e incluso mensajes eliminados. Eso la hizo replantearse la permanencia de sus acciones digitales.

Ajustó configuraciones en todas las plataformas. En Instagram, desactivó la personalización de anuncios y eliminó intereses asignados automáticamente. En Facebook, configuró su lista de amigos como privada, desactivó el reconocimiento facial y restringió quién podía encontrarla mediante número telefónico. Empezó a usar una VPN mientras navegaba y cambió a Signal Foundation para conversaciones privadas. Su configuración predeterminada dejó de ser "aceptar todo" y pasó a ser "rechazar por defecto".

Pero el cambio más grande fue interno. Nina comenzó a planificar su contenido con anticipación, publicando después de abandonar una ubicación en lugar de hacerlo en tiempo real. Dejó de compartir por aburrimiento o presión social y comenzó a publicar con propósito. Ya no sentía la necesidad de justificar sus ausencias digitales. Cuando se alejaba de redes sociales, no pedía disculpas; lo celebraba.

La transformación no fue inmediata, pero sí poderosa. Nina se sintió más ligera, segura y enfocada en su vida real en lugar de vivir pendiente de su feed. Su audiencia permaneció, y muchos incluso respetaron más sus límites. De hecho, varias personas le dijeron que su nueva forma de usar redes sociales los inspiró a reconsiderar sus propios hábitos.

Nina aprendió que no necesitas desaparecer para tener privacidad. Solo necesitas ser intencional. Su estrategia centrada en privacidad no la volvió menos visible; la hizo más auténtica. Y en un mundo que premia compartir demasiado, elegir qué no compartir se convirtió en su mayor fortaleza.

Ahora, cada vez que abre una aplicación, hace una pausa y se pregunta: "¿Esto es fiel a mí? ¿Necesita ser público? ¿Me sentiré orgullosa de esto mañana?". Si la respuesta es sí, publica. Si no, lo deja pasar.

Su vida digital ya no se siente como una actuación. Se siente como paz.

Recupera el Control de Tu Vida en Línea

Las redes sociales no van a desaparecer. Están integradas en la comunicación moderna, los negocios, la política, la educación y la autoexpresión. Conectan familias a través de continentes, dan voz a quienes antes no la tenían y unen comunidades en torno a intereses y causas compartidas. Pero, como ya has visto, también representan riesgos profundos para tu privacidad, seguridad, salud mental y reputación a largo plazo.

Este libro no fue escrito para asustarte ni alejarte del mundo digital; fue creado para darte poder dentro de él.

Has aprendido cómo cada "me gusta", comentario, etiqueta y publicación se convierte en parte de tu huella digital. Descubriste cómo los metadatos registran silenciosamente dónde has estado y qué has hecho. Conociste la existencia de los perfiles sombra: expedientes invisibles que las plataformas construyen incluso si nunca te registras. Viste cómo la inteligencia artificial y los algoritmos manipulan emociones, y cómo compartir demasiado puede afectar a niños y adolescentes durante toda la vida. También recorriste estrategias prácticas para reducir la exposición, desintoxicarte del exceso de pantalla y reconstruir tu presencia profesional con intención.

Lo más importante es que aprendiste que la privacidad no se trata de esconderse, sino de proteger lo que más importa. Tu atención, tu tiempo, tu información personal y tu identidad digital merecen límites. No le debes tu vida a internet. No tienes que convertir cada momento en una exhibición pública. No necesitas estar siempre disponible, siempre perfecto o siempre visible.

La belleza de la privacidad es que te brinda la libertad de ser plenamente tú mismo, sin necesidad de convertir tu identidad en una marca diseñada para agradar a los algoritmos. Te permite expresarte libremente, pensar profundamente y conectar de manera auténtica, sin temor a que tus datos sean explotados, malinterpretados o utilizados sin tu consentimiento.

Es fácil sentirse indefenso frente a las grandes empresas tecnológicas. Después de todo, estas plataformas tienen miles de millones de usuarios, equipos de ingenieros y algoritmos capaces de influir en el comportamiento global. Pero no necesitas luchar contra el sistema para recuperar tu poder. Solo necesitas tomar decisiones conscientes sobre cómo lo utilizas. Dónde navegas. Qué publicas. A quién permites entrar en tu espacio digital. Qué proteges y qué decides dejar ir.

Comienza poco a poco. Audita tus cuentas. Limpia tus perfiles. Ajusta tu configuración. Cierra sesión con más frecuencia. Limita lo que compartes y retrasa lo que publicas. Practica la interacción consciente en lugar de reaccionar impulsivamente. Aléjate de tu feed cuando comience a sentirse más como una carga que como un beneficio. Enseña a tus hijos a valorar su privacidad desde pequeños. Y ayuda a tus amigos a hacer lo mismo.

Recuerda que tu huella digital es algo vivo. Cambia con cada publicación, fotografía e interacción. Eso significa que también puede redirigirse, refinarse y recuperarse. No estás condenado por las decisiones de tu pasado. No estás atrapado dentro del algoritmo de alguien más. No eres solo un usuario; eres un participante, y los participantes tienen poder.

Tu viaje no termina aquí. De hecho, apenas comienza. Cada día enfrentarás decisiones sobre qué compartir, qué proteger y cómo relacionarte con el mundo digital. Con el conocimiento y la mentalidad adecuados, puedes convertir las redes sociales en una herramienta de crecimiento, conexión y creatividad, sin sacrificar tu libertad, privacidad ni tranquilidad.

No necesitas ser un experto en ciberseguridad para tomar mejores decisiones digitales. Solo necesitas conciencia. Y ahora ya la tienes.

Así que toma lo que has aprendido, compártelo con otros y comienza a aparecer en internet de la manera que tú elijas, no de la forma que el sistema espera.

Porque al final, lo más poderoso que puedes hacer es simple: **adueñarte de tu presencia, proteger tu privacidad y nunca olvidar que tú tienes el control.**